KLEINE BIBLIOTHEK DER *Küchenkunst*

GEWÜRZE
Samen & Rinden

Bringen Sie neue Geschmacksnoten in Ihre Küche

JILL NORMAN

Mit erlesenen Rezepten

MARY HAHN VERLAG

EIN DORLING KINDERSLEY BUCH
ÜBERSETZUNG: PHILIPPA DURST

UMSCHLAGENTWURF: WOLFGANG HEINZEL
PHOTOGRAPH: DAVE KING
SATZ: ATELIER HANS NUMBERGER, MÜNCHEN
REPRODUKTION: COLOURSCAN, SINGAPUR
DRUCK UND BINDEN:
MOHNDRUCK, GRAPHISCHE BETRIEBE GMBH, GÜTERSLOH

PRINTED IN GERMANY

ISBN 3-87287-377-6

INHALT

EINFÜHRUNG

DER ÜBERFLUSS AN GEWÜRZEN, *der einem in jedem östlichen Basar oder nordafrikanischen Souk begegnet, ist überwältigend. Wir sind gewohnt, unsere Gewürze in kleinen Mengen – abgepackt in Dosen oder Päckchen – zu kaufen. Dort hingegen werden sie sackweise in den kleinsten Läden angeboten. Die Qualität mag unterschiedlich sein, aber im allgemeinen kann man hier noch unvermischte Gewürze hoher Güte bekommen. Außerdem kann man meist vor dem Kauf von ihnen kosten. Fast durchweg handelt es sich dabei um das unvermahlene, ganze Gewürz, da die Menschen im Orient ihre Gewürze für den täglichen Bedarf zu Hause selbst mahlen, zerstoßen oder reiben.*

Frischgemahlene Gewürze sind viel aromatischer als fertig gekaufte Pulver, die ja meist schon einige Zeit gelagert wurden. Sobald sie gemahlen sind, verlieren sie schnell ihre ätherischen Öle und damit ihr Aroma.

Gewürzmischungen variieren je nach Gebiet und Speise. Zweifellos ist Indien das Land mit den meisten Masalas – das sind Gewürzmischungen, die den Speisen dieses Landes ihren charakteristischen Geschmack verleihen. Ein Masala kann aus ganzen Gewürzen bestehen und wird dann hauptsächlich in Reisgerichten verwendet, oder es kann gemahlen sein, wie für Madras-Currypulver, Punjab-Masala oder das Panch-Phoron aus Bengalen. Im angrenzenden Afghanistan benutzt man Chat-Masala, eine vom Garam-Masala abgeleitete Variante, während die Hindus, die nach »Westindien« auswanderten, kompliziertere Mischungen weiterentwickelt haben, die auch die Gewürze der Einwanderungsländer mit einbeziehen. Die Gewürze, die in indischen Masalas enthalten sind, werden vor dem Mischen geröstet; dadurch lassen sie sich leichter zermahlen. Außerdem verbessert es ihr Aroma und macht sie leichter verdaulich.

Liebhaber der chinesischen Küche kennen Chinas berühmte »Fünf Gewürze«, bestehend aus Fenchel, Sternanis, Zimtrinde, Sezuanpfeffer und Nelken. Sie werden viel in Fleisch- und Fischgerichten verwendet. Die Japaner benutzen eine Mischung, die Shichimi genannt wird, um Nudelgerichte und Suppen zu würzen: Sie besteht aus rotem Pfeffer, Sansho-Schoten, getrockneten

*Mandarinenschalen, Mohn- und Sesamsamen sowie getrockneten Nori-Algen. Bis ins vergangene Jahrhundert hinein gab es bei uns in vielen Haushalten Töpfe mit »Küchenpfeffer«, einer Mischung aus Ingwer, Pfeffer, Nelken, Muskat, Zimt und Piment, die bei Bedarf mit Salz gemischt wurde. Gewürzmischungen fanden auch ihren Weg in saure Pickles und anderes Eingemachtes. Rezepte für eingelegte Pilze und Walnüsse, Berberitzen, englische Zwiebeln, Kohl, Rettich und eine unüberschaubare Menge anderer Nahrungsmittel gibt es in Kochbüchern des 18. Jahrhunderts in Fülle. Indische Pickles und Chutneys, Ketchups aus Südostasien, die die Fernosthändler mitbrachten, wurden immer beliebter, und zuhause versuchte man sich mit Nachahmungen. In Deutschland waren zu dieser Zeit exotische Gewürze noch weitgehend ungebräuchlich. Eliza Smiths »Melon Mangoes« waren mit Knoblauch, Senf, Pfeffer und Piment gewürzt – so beschrieben in ihrem Kochbuch aus dem Jahr 1727. Zu Hannah Glasses »Hasencurry« nahm man Pfeffer und getrockneten gerösteten Koriander (*The Art of Cooking made plain and easy, *1747). Miss Smiths »English Katchup« war eine Annäherung an den orientalischen Original-Ketchup, mit Sardellen, Schalotten, Gewürzen, Essig und Weißwein. Hier und dort wurde die Flüssigkeit, in die das Gemüse eingelegt wurde, zusätzlich als pikante Salatsauce benutzt und gelegentlich in Vorratsflaschen abgefüllt. Diese Saucen dienten immer häufiger als Gewürzersatz beim Kochen. Schon bald kam man in England auf die Idee, solche fertigen Saucen industriell abzufüllen und zu verkaufen. Zu den ersten gehörten Harveys Sauce und Lazenbys Sardellenpaste, gefolgt von der inzwischen weltberühmten Worcester-Sauce und später von Tabasco.*

Englisches Senfetikett
ca. 1900

ANIS

ANIS (Pimpinella anisum) *scheint aus dem Orient zu uns gekommen zu sein, doch dürfte er in Nordafrika schon viel früher heimisch gewesen sein. Im alten Rom war Anis das traditionelle Kuchengewürz. In Indien, dem Gewürzland par excellence, wird Anis ausländischer »Fenchel« genannt. Alle Länder des Ostens ersetzen Anis häufig durch den sehr ähnlich schmeckenden Sternanis.*

So klein die Samen der Anispflanze sind, so überraschend stark und »mundfüllend« ist ihr Geschmack, wenn man sie kaut. Sie sind ein gutes verdaungsförderndes Mittel. Süß und nicht zu scharf, ist dieses Gewürz bei den Kindern bis in unser Jahrhundert das beliebteste gewesen. Anisduft ist für uns gleichbedeutend mit Weihnachten. Anis würzte nahezu jeden Kuchen und wurde auch in Brot und Süßigkeiten und sogar in die Hustenmedizin getan. Erwachsene lieben Anis bekanntlich mehr im Likör, der besonders in den Mittelmeerländern gern nach den Mahlzeiten als Verdauungstrunk gereicht wird.

Anis

KÜMMEL

KÜMMEL (Carum carvi) *wächst wild von Europa bis zum Himalaya und vom hohen Norden Asiens bis zum Iran. Er ist eines der ältesten uns bekannten Würz- und Heilmittel. Der Kümmel kam wahrscheinlich im 13. Jahrhundert nach Europa, wo er bald zum Küchenalltag gehörte. Zu den stärksten Kümmelverbrauchern gehören wir Deutschen mit den Österreichern.*

Wie viele andere aromatische Samen ist Kümmel ein Mitglied der Familie der Doldenblütler (Umbelliferae). Seine schmalen, harten Samen sind erhitzend und eher süß, aber gleichzeitig etwas scharf im Geschmack. Wir lieben ihn im Sauerkraut, im Grau- und Vollkornbrot, zum Kasseler Rippchen und zu einer unüberschaubaren Reihe anderer Speisen, vom Bratapfel bis zum Käse und zum Bisquit. Kümmel setzt weitgehend die Wirkung von Schweine- und Gänsefett außer Gefecht und verleiht, ganz zerkaut, frischen Atem. Der Ferne Osten ersetzt ihn durch Kreuzkümmel.

Kümmel

KARDAMOM &

KARDAMOM (Elettaria cardamomum) *gehört zur Familie der Ingwergewächse, die in den immergrünen Regenwäldern Südindiens und Sri Lankas beheimatet sind. Das einzige weitere Kardamom produzierende Land der Welt ist Guatemala. Die Schoten der Kardamompflanze werden alle paar Wochen geerntet, während der nächste Schub heranreift. Das Trocknen dieser Früchte ist ein langsames und mühseliges Verfahren, da verhindert werden muß, daß die Schalen aufspringen und auseinanderfallen. Dies ist auch der Grund, weshalb Kardamom, nach Safran und Vanille, das teuerste unter den Gewürzen ist. Brauner Kardamom, eine Varietät verschiedener verwandter Species, wird in Südchina und Südostasien gezogen. Das Aroma dieser Arten erreicht jedoch nicht die Güte des »echten« Kardamom.*

Die dunklen, klebrigen Samen behalten ihren wärmenden, aromatisch-scharfen Geschmack am besten, wenn sie in ihren grünen Schalen aufbewahrt werden. An deren Farbe läßt sich ihr Alter erkennen: Je älter, desto bleicher.

Kardamom

Gemahlener Kardamom wird samt der Schale pulverisiert und ist nicht empfehlenswert.
Kardamom ist derInbegriff von Weihnachtsbäckerei und ein köstliches Ingredienz aller Lebkuchenmischungen.

PARADIESKÖRNER

PARADIES- ODER GUINEAKÖRNER (Amomum melegueta) *kommen aus Afrika. Die Pflanze wächst am Golf von Guinea an der sogenannten »Pfefferküste«. Ghana ist bis heute das haupterzeugende Land. Die faserreiche Frucht enthält ein saures Fruchtfleisch voller brauner Samenkörner mit weißen Tupfern am Kernansatz. Diese kleinen Samen sind das Gewürz.*

Paradieskörner

Obwohl es bereits im 13. Jahrhundert auf dem Landweg nach Europa kam und bei uns bekannt war, blieb es eines der selteneren Gewürze, bis es 1460 durch portugiesische Kaufleute als Ersatz für Pfeffer eingeführt wurde und sogleich Absatz fand.

Brauner Kardamom

Die Körner schmecken eigenartig beißend – eben pfefferig – und wurden gern mit Zimt und Ingwer in den Gewürzwein getan, dienten aber unter anderem auch zum Fälschen von Malzbranntwein.

SELLERIE

SELLERIE (Anethum graveolens) *wächst wild in Zentral- und Südeuropa, Asien, Afrika und Südamerika. Im 16. Jahrhundert gelang es den Italienern nach vielen Versuchen, das Bittere aus dem wildwachsenden Kraut wegzuzüchten. Ab diesem Zeitpunkt verbreitete sich der Anbau des Gartenselleries allgemein. Aber erst im 19. Jahrhundert wurde die Pflanze in Europa und in Nordamerika ein Alltagsgewürz.*

Selleriesamen

Sellerie

Sellerie wird als Kraut und/oder Gemüse in seinem ersten Jahr geerntet. Im zweiten Jahr entwickelt er seinen Blütenstand und damit die erhitzenden, würzigen Samen, die man über pikante Pasteten und Brot streuen kann und die sich auch zum Würzen von Suppen, Eintopf- und Schmorgerichten gut eignen.

ZIMT & ZIMTRINDE

ZIMT (Cinnamomum zeylanicum) *kam als arabisches Überlandmonopol aus Sri Lanka in den Westen, lange bevor Portugiesen und Holländer ihre Handelsdomäne zur See behaupten konnten. Sri Lanka und die Seychellen sind heute die hauptexportierenden Länder dieses vielseitigen Gewürzes, ohne das die vielen Süßigkeiten und pikanten Speisen Arabiens undenkbar wären. Kein indisches Moghul-Garam-Masala ohne Zimt. Mexiko würde ungern auf seinen Zimttee verzichten; und was wäre Weihnachten ohne Zimtsterne!*

Zimt

Zimtrinde

Geerntet wird die Rinde der jungen, rutenförmigen Stockausschläge. Alle zwei Jahre während der Regenzeit werden die jungen Triebe geschnitten und nach Entfernen der äußeren Rinde die dünnen inneren Rindenlagen getrocknet. Dabei krümmen sie sich zu den rosabräunlichen Zimtröllchen, wie wir sie kennen. Ihr Aroma ist am stärksten, wenn es frisch gemahlen ist.

Bei der Varietät *C. cassia* entfernt man die äußere Rinde nicht; sie ist selbst das Gewürz. Sie ist dicker und gröber als die des Zimts und schärfer im Geschmack, weshalb sie sich besser zum Würzen von Reisgerichten und Curries eignet als für Süßspeisen. ZIMTRINDE ist eines der klassischen chinesischen »Fünf Gewürze«. Bei uns und in Rußland vielfach als Aromazusatz für Schokolade verwendet.

KORIANDER

KORIANDER (Coriandrum sativum), *eines der ältesten bekannten Gewürze, kam aus den Mittelmeergebieten durch die römischen Eroberer zu uns. Im 17. Jahrhundert wurde es bereits in England angebaut und gelangte von dort aus 1670 in die Neue Welt. Heute wird das hübsche, weiß blühende Doldengewächs überall in der nördlichen Hemisphäre gezogen. Anbaugebiete in unserer Nähe sind in Franken und in Thüringen.*

Der süßwürzige Geschmack, der sich beim vorsichtigen Rösten der Samen noch intensiviert, erinnert etwas an den von Orangenschalen. In Currymischungen und Garam-Masalas stellt Koriander meist den Hauptanteil der Ingredienzen. In Europa benutzte man die Samen lange Zeit in Füllungen und zum Würzen von Würsten. Koriander schmeckt gut an Fisch, Schweinebraten und Lamm. Bei uns in Europa ist es eines der traditionellen Einmachgewürze. Im alpenländischen Raum wird es hauptsächlich zum Backen von Brot und Keksen und für Eintopfgerichte und Suppen verwendet.

Koriander

KREUZKÜMMEL

*K*REUZKÜMMEL (Cuminum cyminum), *auch Mutterkümmel genannt, stammt wahrscheinlich aus Ägypten, wird aber schon sehr lange auch im Mittelmeerraum, in Indien und in China angebaut. Kreuzkümmel ist ein ungewöhnliches Mitglied der aromatischen Umbelliferen-Familie. Er wuchert nahe am Boden, treibt rosafarbene Blütendolden und größere Samen als die meisten anderen seiner Art. Im Mittelalter eines der meistverwendeten Gewürze, wurde es ab dem frühen 18. Jahrhundert durch den heute allgemein bekannten Kümmel ersetzt.*

Das starke, beißende und erhitzende Aroma des Kreuzkümmels stellt die Grundlage aller östlichen Curry- und Garam-Masala-Mischungen. Kreuzkümmel ist auch eines der fünf Gewürze der Panch-Phoron-Mixtur Ostindiens. Diese Samen werden ebenso in der mexikanischen Küche viel verwendet und wurden durch Chili con carne auch in Nordamerika ein Begriff.

Schwarzer Mutterkümmel

Kreuzkümmel

SCHWARZER MUTTERKÜMMEL *(C. nigrum)* wächst in den Tälern Kaschmirs und im Iran. Mit seinem feinen Aroma – ähnlich dem schwarzer Trüffeln – bildet er eine Hauptingredienz der Moghul-Küche.

SENF

ALLE SENFARTEN *sind Mitglieder der großen Familie der* Cruciferae, *die auch alle Kohlsorten mit einschließt. Sie stammen wahrscheinlich aus den Mittelmeerländern und Südeuropa, wo sie von altersher für medizinische Zwecke ebenso wie zum Kochen verwendet wurden. Im Europa des Mittelalters benutzte man das stechend scharfe Gewürz, um dem winterlichen Speiseplan etwas von seiner Monotonie zu nehmen. Senf wird heute in den meisten Ländern mit gemäßigtem Klima angebaut, wo das hübsche gelb blühende Kraut gleichzeitig der Honigernte der Bienen dient. Senf wirkt anregend auf die Verdauungsorgane.*

WEISSER SENF *(Brassica hirta)* wächst von altersher wild in den meisten Teilen unserer Hemisphäre. Er bewirkt gute Haltbarkeit in Eingemachtem und ist ein bewährter Emulgator für Mayonaise. Seine blaß-sandfarbigen Samenkörner haben einen angenehm nussigen Geschmack, sind aber nicht so scharf wie die der schwarzen Varietät. Weiße Senfsaaten werden viel für industriell gefertigten Senf verwendet, haben im feinen Dijon-Senf aber nichts zu suchen. Senf aus ganzen Körnern wird meist aus einer Mischung der beiden Varietäten hergestellt.

Weißer Senf

Senf aus ganzen Körnern

Senfpulver

Tafelsenf

Fertiger TAFELSENF hat sein besonderes Aroma und seinen typischen Geschmack aufgrund des ätherischen Öls, das nur frei wird, wenn Senfpulver mit Wasser in Berührung kommt. Der englische Senf, der erst kurz vor Gebrauch mit feinem Senfpulver und Wasser angerührt wird, hat einen stechenderen Geschmack als unser kontinentaler Senf, der mit einem schwachen Essig und Aromazusätzen hergestellt wird. Der handelsübliche Senf bezieht seine Farbe übrigens aus der Beimischung von Kurkuma (Gelbwurz).

SCHWARZER SENF *(Brassica nigra)* oder Mostrich wird mehr und mehr von seinem nahen Verwandten, dem BRAUNEN SENF *(B. juncea)* verdrängt, da dieser einfacher zu züchten ist. In der südindischen Küche ist brauner Senf (oft mit schwarzem Senf verwechselt) so unersetzlich wie der Kreuzkümmel im Norden des Landes. Senfpaste ist ein Lieblingswürzmittel der Bengalen.

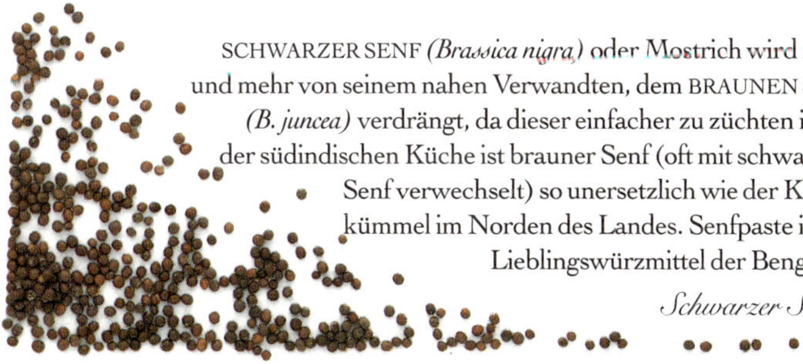

Schwarzer Senf

MOHN

SCHLAFMOHN (Papaver somniferum), *unser Gartenmohn, ist eine Pflanze des Mittleren Ostens, die bereits im alten Ägypten und in Persien bekannt war. Schlafmohn hat weiße, rosarote oder gelbe Blüten und entsprechend gefärbte Samen. Allen Sorten ist der angenehm nussige Geschmack und der knackige »Biß« gemeinsam.*

Braune Mohnsamen

Bei uns finden sich Mohnsamen als Dekoration auf Semmeln und anderem Gebäck, aber auch in Mohnschnitten. In der Türkei mischt man aus einer braunen Mohnsorte, genannt Haşhaşh (Bildmitte), mit Weintraubensirup und Nüssen ein Dessert.

Gelbe Mohnsamen

Blaugraue Mohnsamen

SESAM

SESAM (Sesamum indicum), *wahrscheinlich aus Afrika stammend, ist heute auch im tropischen und subtropischen Asien und im Mittelmeerraum bekannt und beliebt. Sesam besitzt einen hohen Nährwert. Sein Öl, reich an mehrfach ungesättigten Fettsäuren, ist das meistbenutzte Speiseöl des Ostens und eine Hauptingredienz unserer Margarine. Der bei der Margarineherstellung übrigbleibende Kuchen dient noch als proteinreiches Rinderfutter. Das schwach-süße und – nach leichtem Rösten – nußartige Aroma macht den Sesam zu einem beliebten Würzmittel.*

Sesamsamen werden in ganz Asien für Süßigkeiten verwendet. Auch in Europa, wo Sesamsamen lange Zeit höchstens Brot und Kuchen garnierten, werden die nahrhaften, knusprigen Täfelchen immer beliebter als gesunder Snack.

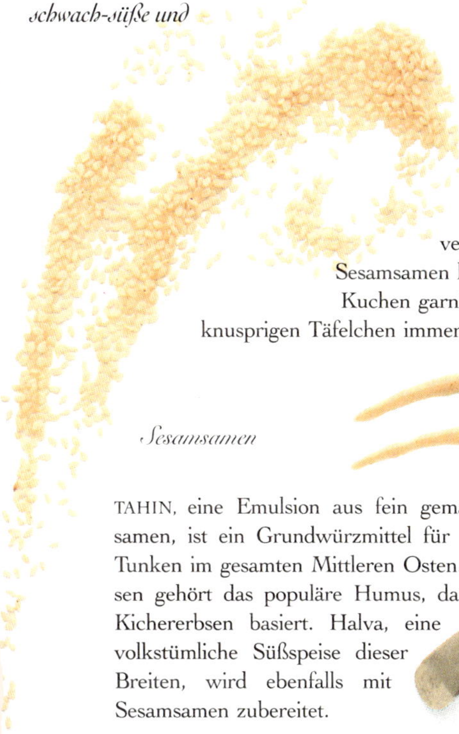

Sesamsamen

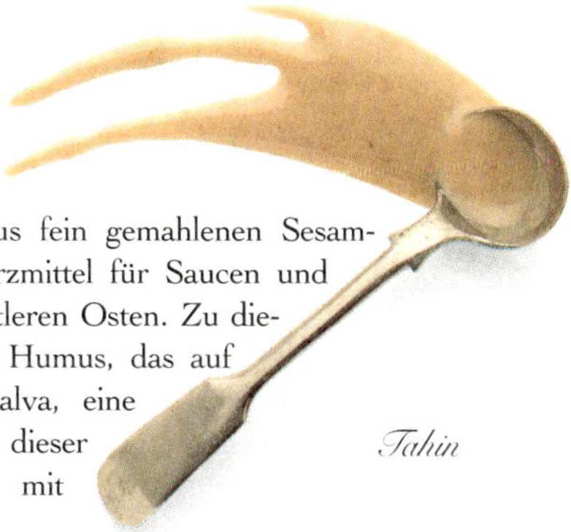

TAHIN, eine Emulsion aus fein gemahlenen Sesamsamen, ist ein Grundwürzmittel für Saucen und Tunken im gesamten Mittleren Osten. Zu diesen gehört das populäre Humus, das auf Kichererbsen basiert. Halva, eine volkstümliche Süßspeise dieser Breiten, wird ebenfalls mit Sesamsamen zubereitet.

Tahin

UNGEWÖHNLICHE GEWÜRZE

DIE VIELFALT DER GEWÜRZE, *die wir heute – vielleicht nicht in jedem Supermarkt, aber doch beim Chinesen, Indonesier oder Griechen ein paar Häuser weiter – kaufen können, ist verblüffend. Einige dieser Gewürze, die kaum Eingang in unsere heimischen Küchen gefunden haben, sind in anderen Teilen der Welt Grundpfeiler der Eßkultur. Sumach zum Beispiel ist in der arabischen Welt eine schlichte Notwendigkeit; die Tamarinde ist in weiten Teilen Asiens ebensowenig wegzudenken wie bei uns die Petersilie, die man dort wiederum nicht kennt. Mit Ausnahme der frischen Curryblätter und des Zitronengrases lassen sich die Gewürze, die hier folgen, mehrere Monate aufbewahren.*

ZITRONENGRAS oder Sereh *(Cymbopogon citratus)* ist ein in Südostasien allgemein gebräuchliches Würzmittel, das in Duft und Geschmack stark an Zitronen erinnert und hauptsächlich wegen seines Öls angebaut wird. Zitronengras wird frisch, getrocknet, ganz oder pulverisiert an Fischgerichte, Suppen und Saucen gegeben.

Zitronengras

Saflor (Carthamus tictorius)

SAFLOR, der safranartig aussehende *Carthamus tinctorius* verleiht den Speisen die Farbe, jedoch nicht den Geschmack des Safrans. Für manche türkische Gerichte wird Saflor als Garnierung verwendet.

SUMACH *(Rhus coriaria)* wird in der arabischen Küche als Säuerungsmittel benutzt und würzt Kebabs und Fischgerichte. Die Indianer Nordamerikas bereiteten mit rotem Sumach, einer dort weitverbreiteten Staude, ein saueres Getränk.

Sumach

Nigella

NIGELLA *(Nigella sativa)* wird in Indien für Gemüsegerichte verwendet und übers Brot gestreut. Im Geschmack nicht unähnlich dem Kreuzkümmel.

AJOWAN *(Carum copticum)*, auch ägyptischer Kümmel genannt. Wird in vielen ägyptischen, iranischen und indischen Backwaren und Bohnengerichten geschätzt.

Ajowan

Curryblätter

CURRYBLÄTTER – die Blätter des Hartholzbaumes *Murraya koenigii*, der an den Ausläufern des Himalayas und in vielen Gärten Südasiens wächst – geben vegetarischen Gerichten einen typischen Geschmack. Curryblätter werden ganz, meist mit Stiel verwendet.

ORIENTALISCHE GEWÜRZMISCHUNGEN

WÄHREND DIE WESTLICHE KÜCHE es im allgemeinen vorzieht, den Speisen mit nur einem oder bestenfalls einigen wenigen Gewürzen Geschmack zu verleihen, hat Asien eine enorme Vielfalt an Gewürzmischungen mit ebenso vielfältigen aromatischen Eigenschaften entwickelt. Das wahre Verdienst einer Gewürzmischung liegt in der Art und Weise, wie jede Zutat einem Gericht ihren Eigencharakter mitteilen kann, ohne daß sie den einer anderen Ingredienz beeinträchtigt. In Indien muß jeder Küchenchef zunächst einmal ein guter Masalchi, also ein guter »Gewürzmischer«, sein.

Kaschmir-Masala

Garam-Masala

GARAM MASALA ist der Sammelname für eine ganze Familie von Gewürzmischungen, die scharf (Chilli, Nelken) oder aromatisch (Macisblüte, Zimt, Kardamom) sein können, in jedem Fall aber sparsam verwendet werden sollten.

KASCHMIR-MASALA hat seinen Namen nach dem großartigen Tal im höchsten Norden Indiens. Es ist eine krümelige Paste auf Koriander-Basis, der Chillies und Ingwer eine beißend-scharfe »Glut« verleihen.

Das CHINESISCHE FÜNFGEWÜRZPULVER: Die fünf Elemente der chinesischen Naturphilosophie sind Feuer, Wasser, Erde, Metall und Holz. Die fünf Geschmacksrichtungen sind bitter, süß, sauer, salzig und scharf, und die fünf entsprechenden Gewürze für gewöhnlich Sezuanpfeffer, Fenchel, Nelken, Zimtrinde und Sternanis. Diese Mischung wird feingemahlen und hauptsächlich in Marinaden für Geflügel, Fleisch und Fisch verwendet.

Fünfgewürz

Vindalu-Paste

VINDALU-PASTE ist eine der wenigen wirklich sehr scharfen indischen Gewürzmischungen. Sie stammt aus Goa, wo die meisten Essenszutaten atemberaubend »hot« (heiß) schmecken. Die Paste besteht aus Chillipfeffer, der mit Zimt, Koriander, Kreuzkümmel, Kurkuma, Knoblauch und Ingwer »entschärft« und mit Essig zu einer cremeartigen Masse vermischt wird.

Rezepte

Alle Rezepte sind für 4 Personen gedacht, sind jedoch zum Teil (Backwaren, Brot) ergiebiger

THAI-SUPPE MIT MEERESFRÜCHTEN

1,5 l Fisch- oder Hühnersuppe
3 Stangen Zitronengras, in Scheiben geschnitten und zerstampft
2 grüne Chillies), entsamt und geschnitten*
Saft einer Limone
500 g große Garnelen, geschält
4 Frühlingszwiebeln, kleingeschnitten
3 Eßlöffel grob gehackte Korianderblätter
1 kleine rote Chillischote), entsamt und kleingeschnitten*

*) Kleine, sehr scharfe Peperoncini (Paprikaschoten)

Die Brühe, Zitronengras, grüne Chillies und Limonenschale in einen Topf geben und zum Kochen bringen. Zudecken und etwa 20 Minuten auf kleiner Flamme kochen, dann abgießen, die Garnelen hinzugeben und weitere 3–4 Minuten simmern lassen. Den Limonensaft einrühren und den Topf vom Herd nehmen. Mit Frühlingszwiebeln, Koriander und der roten Chillischote garnieren und heiß servieren.

GLATTBUTT IN SAURER SAHNE

4 Glattbuttfilets
Salz, Pfeffer
½ Teelöffel gemahlene Anis- oder Fenchelsamen
25 g Butter
150 ml saure Sahne

Den Fisch mit Salz, Pfeffer und dem gemahlenen Fenchel oder Anis bestreuen und in eine leicht gebutterte Backform geben. Die saure Sahne auf dem Fisch verteilen und die restliche Butter oben drauf geben. Das ganze mit Folie oder ähnlichem bedecken und im vorgeheizten Ofen bei 180 °C 25–30 Minuten backen.

MARINIERTER HERING

4 Heringe, filettiert
125 ml Milch
1 Eßlöffel Senf
300 ml Essig
1 Bund gemischte Kräuter
1 kleine Zwiebel, gehackt
4 Pfefferkörner
4 Pimentkörner
einige Dillsamenkörner
50 ml Öl
1 Teelöffel Salz

Den Hering 3 Stunden in gesalzener Milch einweichen. Abgießen und trockenklopfen, dann das Fleisch mit Senf einreiben und so aufrollen, daß die Hautseite nach außen kommt. Jede Heringsrolle mit einem Zahnstocher feststecken und alle 4 in ein großes Einweckglas geben. Den Essig mit dem Kräuterbund, der Zwiebel und den Gewürzen zum Kochen bringen und 10 Minuten garen. Leicht auskühlen lassen, den Kräuterbund herausnehmen und das Öl einrühren.

Die Marinade über den Hering gießen, das Einweckglas fest verschließen und bis zum Verzehr 2–3 Tage im Kühlschrank aufbewahren.

Fisch-Steaks mit Curry

4 Fischsteaks
1 Teelöffel Senfsaaten
2 getrocknete Chillies
1 kleine Tamarinde) oder*
Saft einer Zitrone
3 Eßlöffel Öl
2 gehackte Zwiebeln
2 Knoblauchzehen, gehackt
2 Eßlöffel Currypulver
1 kleines Stück Ingwer, gehackt
3 Curryblätter
Salz

Die Senfsaaten (Samen) und die Chillies mahlen. Die Tamarinde in warmes Wasser getaucht stehen lassen, bis sie weich ist, dann ausdrücken und in kleine Stücke zerreißen. Dabei alle faserigen Teile entfernen.

Das Öl erhitzen und Zwiebeln und Knoblauch darin leicht bräunen. Die gemahlenen Gewürze einrühren und alles noch 1–2 Minuten fritieren. Dann Ingwer, Curryblätter und Tamarindenwasser sowie etwas Salz in die Kochflüssigkeit geben, zudecken und 8–10 Minuten leise schmoren. Der Fisch soll gut »durch« und die Sauce ziemlich dickflüssig sein.

*) Tamarinde (Tamarindus indica) ist das angenehm säuerlich schmeckende Fruchtfleisch aus den Schoten eines tropischen Baumes, das in der südostasiatischen Küche ständig verwendet wird. Die preisgünstigste Handelsform ist die in kleinen gezuckerten Kugeln.

Lamm-Korma

750 g mageres Lammfleisch, würfelig geschnitten
300 ml Yoghurt
2 Zwiebeln, gehackt
5 cm frischer Ingwer, gehackt
2 Eßlöffel Garam-Masala
½ Teelöffel Salz
150 ml Creme double
500 g Cashew-Nüsse
50 g Rosinen

Yoghurt, Zwiebeln und Ingwer in einem Mixer pürieren. Diese Mischung zusammen mit dem Garam-Masala, dem Salz, der Sahne und dem Lammfleisch in einem schweren Topf allmählich zum Kochen bringen, dann den Topf mit einem Deckel fest verschließen und das ganze auf kleinster Flamme 1½ Stunden schmoren. Zwischendurch häufig umrühren, damit nichts ansetzt. Nüsse und Rosinen dazurühren und weitere 10 Minuten kochen lassen. Mit Reis servieren.

Kaukasus-Kebab

750 g mageres Lammfleisch, würfelig geschnitten
1 Zwiebel
1 Knoblauchzehe
½ Teelöffel schwarze Pfefferkörner
¼ Teelöffel Dillsamen
Salz
Saft einer Zitrone oder eines Granatapfels
4–5 Frühlingszwiebeln
1 Zitrone
Gemahlenes Sumach
Öl

Die Zwiebel reiben und den Saft nicht wegschütten. Knoblauch und Gewürze leicht zerdrücken. Dann Zwiebeln, Knoblauch, Gewürze, Salz und Zitronen- oder Granatapfelsaft vermischen und das Lammfleisch darin bis zu 26, mindestens aber 6 Stunden darin marinieren. Die Fleischstücke auf Bratspieße stecken und 8–10 Minuten grillen. Falls nötig, von Zeit zu Zeit mit etwas Öl bestreichen. Mit den gehackten Frühlingszwiebeln und der in Segmente geschnittenen Zitrone garnieren. Mit einem Töpfchen Sumach servieren.

Geschmorte Ente, chinesisch

1 viergeteilte Ente, etwa 2 kg
1 Eßlöffel Öl
1 Lauchstange, fein geschnitten
1 Knoblauchzehe, gehackt
1 kleines Stück frischer Ingwer, gehackt
2 Eßlöffel Sherry
4 Eßlöffel Soyasauce
1 Teelöffel brauner Zucker
1 gute Prise Salz
450 ml heiße Fleisch/Gemüsebrühe
1 Sternanis
1 kleines Stück Zimt oder Zimtrinde
1 Teelöffel Fünfgewürz-Pulver
2 Teelöffel Maizena
2 Eßlöffel Wasser

Das Öl in einem schweren Topf erhitzen und die Ententeile darin auf allen Seiten anbraten. Anschließend herausnehmen und Lauch, Knoblauch und Ingwer im restlichen Öl 2 Minuten braten. Sherry, Soyasauce, Zucker und Salz vermischen, dann die Ententeile zurück in den Topf geben und die Sherrymischung darübergießen. Gut umrühren und währenddessen die Brühe und zuletzt die Gewürze hinzugeben. Den Topf zudecken, die Hitze herunterschalten und alles ca. 50 Minuten schmoren lassen. Anschließend zum Anrichten auf eine Platte legen. Maizena mit Wasser vermischen und in den Topf geben. Alles gut verrühren, bis die Sauce eindickt und klar wird. Über die Ententeile gießen und servieren.

Afelia

750 g Schweinefilets
50 g Butter
Salz und Pfeffer
1 Glas Rotwein
Gehackte Koriandersamen

Vom Schweinefleisch alles Fett entfernen und in Würfel schneiden. Die Butter schmelzen und das Fleisch darin von allen Seiten anbraten. Mit Salz und Pfeffer würzen und den Wein darübergießen. Alles zum Kochen bringen, zudecken und 20 Minuten simmern lassen. Den Koriander einrühren, wieder zudecken und noch einmal 20 oder 25 Minuten köcheln lassen, bis das Fleisch zart und die meiste Flüssigkeit aufgesogen ist.
Mit Reis oder gedünstetem Weizenbruch servieren.

Huhn auf georgische Art

1 kleines Huhn, in Portionen zerteilt
Salz und Pfeffer
40 g Butter
2 große gehackte Zwiebeln
500 g Tomaten, geschält, entsamt und kleingehackt
6 Eßlöffel Weißwein
¼ Teelöffel Bockshornkleesamen
1 große Prise Selleriesamen
1 Teelöffel Saflor, zerdrückt
1 Lorbeerblatt
½ Teelöffel getrockneter Thymian
1 dünn geschnittene Zitrone
4 Eßlöffel feingehackter Dill

Das Huhn mit Salz und Pfeffer einreiben und die einzelnen Stücke in einem schweren Topf in der Butter anbraten. Sobald sie auf allen Seiten schön braun sind, aus dem Topf nehmen und die Zwiebeln darin schmoren. Tomaten, Wein, Gewürze, Lorbeerblatt und Thymian hinzugeben, dann das Huhn zurück in den Topf geben, zudecken und 45–50 Minuten auf kleiner Hitze schmoren, bis das Fleisch zart und gar ist. Sollte zu viel Flüssigkeit absorbiert werden, gießen Sie etwas Wein oder Wasser nach. Garnieren Sie die Hühnerteile zum Anrichten mit dem gehackten Dill.

NUDELN MALAYISCH

4 große, getrocknete rote Chillies
1 Stück frischer Ingwer, geschält und feingehackt
1 kleine Zwiebel, feingehackt
2 Teelöffel gemahlener Koriander
3/4 Teelöffel gemahlene Anissamen
3/4 Teelöffel gemahlener Kreuzkümmel
1/4 Teelöffel gemahlenes Kurkuma
3 Eßlöffel Senf- oder Erdnußöl
450 ml Hühnerbrühe
250 g Kartoffeln, gekocht und zerdrückt
375 g Eiernudeln
175 g Bohnensprossen
1 Handvoll getrocknete und geröstete Erdnüsse

Samen und Stiele der Chillies entfernen, die Chillies dann fein hacken, und in einem Mörser oder Mixer mit dem Ingwer und der Zwiebel fein mahlen beziehungsweise zerstoßen. Die gemahlenen Gewürze dazumischen.

Das Wasser in einem Topf zum Kochen aufsetzen. Inzwischen das Öl im Wok oder in einer schweren Pfanne erhitzen, bis es zu rauchen beginnt, und darin die Gewürzmischung fritieren. Die Hühnerbrühe hineingeben, umrühren und 5 Minuten köcheln lassen. Nach und nach die zerdrückten Kartoffeln dazurühren, bis eine sämige, dicke Sauce entsteht.

Die Nudeln ins kochende Wasser geben, al dente garen, abgießen und auf eine Servierschüssel geben. Die Sauce darübergießen und mit den Bohnensprossen und den Erdnüssen garnieren.

ZWIEBELSALAT MIT SUMACH

2 Zwiebeln in feine Scheiben schneiden und mit *1/4 Teelöffel gemahlenem Sumach* und etwas *Salz* bestreuen. Eine halbe Stunde ziehen lassen, bevor Sie den Zwiebelsalat servieren. Dieser Salat paßt besonders gut zu Kebabs und anderem gegrilltem Fleisch.

GEFÜLLTE PILZE

4 große flache Pilze
2 Eßlöffel Sesamsamen
50 g Butter
2 Knoblauchzehen, zerdrückt
1 Handvoll gehackte Petersilie
1 Handvoll gehacktes frisches Brot
1 Prise Cayennepfeffer
2 Eßlöffel geriebenen Parmesankäse

Die Sesamsamen ein paar Minuten in einer Bratpfanne toasten. Die Stiele der gewaschenen und gesäuberten Pilze entfernen und fein hacken. Inzwischen die Butter in einer Pfanne erhitzen. Die Pilzkappen darin anbraten und anschließend auf ein gebuttertes Backblech legen. In der Pfanne die gehackten Pilzstiele zusammen mit dem Knoblauch ein paar Minuten schmoren, dann die restlichen Zutaten dazurühren und die Pfanne vom Herd nehmen. Die Mischung auf die Pilzkappen setzen, mit je einem Butterflöckchen krönen und 4–5 Minuten im Backrohr grillen.

KARTOFFELN UND AUBERGINEN AUF INDISCHE ART

500 g Kartoffeln
500 g Auberginen
2 Zwiebeln
4 Eßlöffel Öl
3/4 Teelöffel Fenchelsamen
1/2 Teelöffel Bockshornkleesamen
2 Teelöffel Garam-Masala
1/4 Teelöffel Cayennepfeffer
1 Teelöffel Mangopulver oder Zitrone
1 Teelöffel Salz

Kartoffeln und Auberginen in Würfel schneiden und die Zwiebeln grob hacken. Das Öl in einem schweren Topf erhitzen, und sobald es sehr heiß ist Fenchel- und Bockshornkleesamen hineingeben und ein paar Sekunden oder so lange fritieren, bis sie etwas dunkler werden. Das Gemüse hinzugeben, die Hitze herunterschalten und unter ständigem Umrühren und Rütteln der Pfanne schmoren. Dann Garam-Masala, Cayennepfeffer, Mangopulver und Salz dazurühren. 50 ml Wasser hinzugeben, den Topf zudecken, die Hitze herunterschalten und 15–20 Minuten köcheln lassen. Gelegentlich umrühren. Heiß oder mit Zimmertemperatur servieren.

SALATSAUCE MIT SELLERIESAMEN

Ein gutes Dressing für Wintergemüsesalat

½ Teelöffel Selleriesamen
½ Teelöffel Senfpulver
1 Prise Cayennepfeffer
3 Eßlöffel Weinessig
150 ml Öl aus Weintraubenkernen
Salz

Alle Zutaten zusammen mit Essig und Öl gut verschlagen. Abschmecken und, falls gewünscht, salzen. Vor dem Anrichten die Mischung mit dem Schneebesen so lange weiter schlagen, bis sie etwas dick wird. Den Salat sofort servieren.

MANGO-CHUTNEY

1 kg grüne kleine Mangos
2 Knoblauchzehen
50 g frischer Ingwer
½ Teelöffel gemahlener Zimt
1 Teelöffel Chillipulver
½ Teelöffel gemahlene Macisblüte
½ Teelöffel gemahlener Kreuzkümmel
175 ml Essig
12 grüne Kardamomschoten
1 kg Zucker
1 Teelöffel Salz
50 g blanchierte und gehobelte Mandeln
125 g Rosinen

Die Mangos schälen und reiben. Dann den Knoblauch zerdrücken, den Ingwer schälen und klein hacken und alles mit den gemahlenen Gewürzen und etwas Essig gut vermischen. Die Kardamomsamen von ihren Hülsen befreien. Mangos und Zucker in einem Einkochtopf über mittlerer Hitze 10 Minuten kochen, dann die Gewürzpaste und die Kardamomsamen darunterrühren und so lange kochen, bis die Mischung die Konsistenz einer Marmelade bekommen hat – insgesamt nicht länger als 40 Minuten. Nun den restlichen Essig hinzugeben und weitere 10 Minuten zu einem dicken Püree verkochen. Mandeln und Rosinen einrühren, auskühlen lassen und in einem großen Einmachglas fest verschließen.

Kartoffelsalat mit Granatäpfeln

500 g Kartoffeln
½ Gurke
1 kleiner Granatapfel
1 kleine milde Zwiebel
3 Eßlöffel Zitronensaft
4 Eßlöffel Öl
1 Teelöffel Chat-Masala (S. 37)
1 Teelöffel gemahlener Kreuzkümmel
Minzenblätter

Kochen Sie die Kartoffeln und schneiden Sie sie in kleine Würfel. Entfernen Sie die Samen der Gurken und schneiden Sie diese ebenfalls würfelig. Nehmen Sie dann die Samen aus dem Granatapfel und achten Sie darauf, daß keine Häutchen »mitgehen«. Schneiden Sie die Zwiebel in feine Ringe. Mischen Sie anschließend Zitronensaft, Öl, Chat-Masala und Kreuzkümmel zu einem Dressing. Geben Sie nun die Kartoffeln, die Gurken und den größten Teil des Granatapfels und der geschnittenen Zwiebel in eine Schüssel und vermischen Sie alles mit der Salatsauce. Zum Schluß wird mit den restlichen Granatapfelsamen, Zwiebelringen und Minzenblättern garniert.

Vinaigrette mit Kreuzkümmel

½ Teelöffel gemahlener Kreuzkümmel
2 Eßlöffel Weinessig
6 Eßlöffel Olivenöl
2 Teelöffel Honig
Salz und Pfeffer

Vermischen Sie alle Zutaten. Ergibt ein interessantes Dressing für Karottensalat und alles bittere Salatgrün wie Endivien oder Chicorée.

OLIVEN MIT KORIANDER

500 g eingelegte Oliven
4–5 Knoblauchzehen
1 Eßlöffel Koriandersamen, leicht zerdrückt
½ Zitrone, in Scheiben geschnitten
1 Lorbeerblatt
Olivenöl

Die Oliven aus der Lake nehmen und waschen. Dann durch Schlagen mit einem Klopfer oder ähnlichem zum Platzen bringen. Die Oliven in ein großes Einmachglas geben, dazwischen Knoblauch, Koriander, Zitronenscheiben und das Lorbeerblatt streuen. Mit Olivenöl bedecken. Das Glas bis zum Gebrauch 2–3 Wochen kühl aufbewahren.

Statt Koriander kann man Fenchelsamen nehmen.

GURKEN EINLEGEN

1 kg kleine Gurken zum Einlegen
Einige Ästchen Fenchel oder Dill
300 ml weißen Essig
600 ml Wasser
1 ½ Eßlöffel Dillsamen
1 Eßlöffel weiße Pfefferkörner
50 g grobes Salz

Nehmen Sie frische, feste Einlegegurken und stellen Sie sie vor der Zubereitung 24 Stunden lang ins Tiefkühlfach – dadurch bleiben sie knackig. Geben Sie die Gurken nun – eventuell der Länge nach halbiert – zusammen mit den Dill- oder Fenchelästchen in ein großes Einmachglas. Bringen Sie Essig, Wasser, Gewürze und Salz zum Kochen und gießen Sie den Sud kochendheiß über die Gurken. Achten Sie darauf, daß er die Gurken vollkommen bedeckt. Lassen Sie das ganze auskühlen und verschließen Sie mit dem Deckel. Nach 2–3 Wochen sind die Gurken reif zum Verzehr.

ARABISCHES GEWÜRZBROT

½ Päckchen Frisch- oder 7 g Trockenhefe
500 g Weizenmehl
1 Teelöffel Salz
450 ml warmes Wasser
Olivenöl
75 g Zahtar (S. 37)

Wenn Sie Frischhefe verwenden, bröckeln Sie sie einfach über das Mehl, zusammen mit dem Salz. Die Trockenhefe lassen Sie in etwas warmem Wasser aufgehen und rühren sie anschließend ins Mehl ein. Gießen Sie so viel Wasser nach, daß ein ziemlich fester Teig entsteht. Geben Sie ihn auf ein bemehltes Brett und kneten Sie ihn, bis er glatt und elastisch ist. Säubern Sie die Teigschüssel, ölen Sie die Innenwände und legen Sie den Teigklumpen hinein, indem Sie ihn rundum im Öl wälzen. Decken Sie die Schüssel mit Folie oder einem Tuch zu und lassen Sie ihn etwa 1 ½ Stunden gehen.

Der Teig wird nun wieder geknetet und in Hälften oder kleine Stücke geteilt, falls Sie kleine Brote wünschen. Beim Teilen formt man 2 Stücke von ca. 12 cm Durchmesser, beziehungsweise 7 cm große und 5 mm dicke Fladen, falls Sie kleine Brote wünschen. Geben Sie die Brote auf ein geöltes Backblech, bedecken Sie sie mit einem Tuch und lassen Sie sie nocheinmal 30 Minuten gehen.

Bestreuen Sie die Laibe anschließend mit einer Paste aus Zahtar und Öl und backen Sie sie im vorgeheizten Ofen bei 200° 10 Minuten lang. So lange brauchen die kleineren Brote, um schön kroß zu werden. Nehmen Sie sie nun heraus und schichten Sie sie übereinander, damit sie frisch bleiben.

Für die größeren Laibe schalten Sie das Backrohr auf geringere Hitze – etwa 160° – und backen Sie sie weitere 20–25 Minuten. Die Laibe sollen hohl klingen, wenn man sie von der unteren Seite beklopft.

Variante

Die vorbereiteten Brote mit geschlagenem Ei bestreichen und dick mit Nigella und Mohn- oder Sesamsamen bestreuen.

Anstatt das Brot mit den Gewürzen zu bestreuen, gibt man in Marokko je 1 ½ Teelöffel Anis- und Sesamsamen direkt in den Teig.

GARAM-MASALA

2 Eßlöffel grüne Kardamomsamen
2 lange Zimtstangen
2 Eßlöffel schwarze Pfefferkörner
3 Eßlöffel Kreuzkümmelsamen
3 Eßlöffel Koriandersamen
½ Muskatnuß
1 Eßlöffel Nelken

Die Kardamomsamen aus ihren Schoten herauslösen. Alle Gewürze vermischen und im Ofen oder in einer Pfanne ohne Fett bei mittlerer Hitze rösten, bis sie eine dunklere Farbe annehmen – etwa 8 Minuten lang. Auskühlen lassen, zusammen vermahlen und zur Aufbewahrung in einem Behälter luftdicht verschließen.

SALZSTANGEN MIT KÜMMEL

125 g Butter
250 g weißes Mehl
4 Eßlöffel saure Sahne
1 Eigelb
Kümmelsamen
Grobes Salz

Die Butter wird in das Mehl eingearbeitet, bis ein bröckeliger Teig entsteht. Die Sahne hinzugeben, so daß der Teig glatt wird. Den Teig zu einer Kugel formen und 30 Minuten im Kühlschrank kaltstellen.

Den Teig auf einer bemehlten Unterlage ausrollen und in Stäbchen schneiden. Die Stäbchen mit dem geschlagenen Eigelb bestreichen und mit dem Kümmel und dem Salz bestreuen. Im vorgeheizten Backrohr bei 200° etwa 10–12 Minuten backen.

CURRIE-PULVER

»Cayennepfeffer 3 Unzen
Ingwerpulver 6 Unzen
Koriandersamen 10 Unzen
Kardamomsamen 6 Unzen
Kreuzkümmelsamen 6 Unzen
Bockshornkleesamen 3 Unzen
Schwarzer Pfeffer 2 Unzen
vom besten hellen Kurkuma 10 Unzen«

(1 Unze = 28,34 g)

– Aus einer englischen Rezeptbuch-Handschrift von 1865 –

CHAT-MASALA

1 Eßlöffel Kreuzkümmel
1 Eßlöffel schwarzer Pfeffer
½ Teelöffel Ajowan
2 Teelöffel grobes Salz
¼ Teelöffel gemahlenes Asafoetida
1 Teelöffel Mangopulver
1 Teelöffel gemahlener Ingwer
½ Teelöffel gemahlener Cayennepfeffer

Die drei erstgenannten Gewürze mit dem Salz zu einem Pulver vermahlen. Die restlichen Zutaten dazumischen – sorgfältig vermengen! In einem luftdicht verschlossenen Behälter aufbewahren.

ZAHTAR

Diese hocharomatische Mischung aus dem Mittleren Osten kann man auf Gemüse oder Hackbraten streuen. Mit Olivenöl zu einer dicken Paste gemischt ergibt es eine ausgezeichnete Garnierung für arabisches Brot (S. 35):

50 g Sesamsamen
25 g gemahlenem Sumach
25 g getrocknetem Thymian, pulverisiert

Rösten Sie die Sesamsamen ein paar Minuten im Backrohr. Vermischen Sie sie mit Sumach und Thymian und bewahren Sie die Mischung luftdicht verschlossen auf.

NUSSKIPFERL

250 g Mehl
½ Teelöffel gemahlene Fenchelsamen (nach Belieben)
¼ Teelöffel Nigella (falls erwünscht)
3 Teelöffel Streuzucker
1 Prise Salz
125 g Butter
2–3 Eßlöffel Wasser
175 g gehackte Walnüsse
Samen von 2 Kardamomschoten, zerstoßen oder ¼ Teelöffel gemahlener Zimt
2 Eßlöffel Honig
Geriebene Schale einer halben Zitrone
1 Ei, Puderzucker

Mehl, Fenchelsamen und Nigella, 1 Teelöffel Zucker und das Salz in eine Schüssel geben und die Butter einrühren, bis die Mischung grobkrümelig aussieht. Wasser hinzugeben, bis der Teig mürbe und zart wird. Diesen Teig zu einem Klumpen mengen und 30 Minuten kaltstellen. Die Füllung bereitet man, indem man die Walnüsse, 2 Teelöffel Zucker, die Gewürze, den Honig und die Zitronenschale zusammenmischt.

Den Teig nun auf einem bemehlten Brett dünn auswalken und etwa 10 cm große Kreise ausstechen. Einen Löffelvoll Füllungsmischung auf jeden Kreis häufeln und die Hälfte überklappen, so daß Halbmonde entstehen. Die Enden fest zusammendrücken. Die Halbmonde mit einer Gabel einstechen und mit einem geschlagenen Ei bestreichen. Die Nußkipferl auf ein Backblech legen und im vorgeheizten Ofen bei 190° 15–20 Minuten, in jedem Fall aber nicht zu braun backen. Auskühlen lassen und vor dem Servieren mit Puderzucker bestreuen.

KÜMMELKUCHEN

»125 g Butter
125 g Zucker
2 Eier
125 g Mehl
1 Teelöffel Kümmel
1 Prise Salz

Butter und Zucker zu einer Creme verschlagen. Eigelb und Eiweiß getrennt schlagen, nach und nach Mehl, Eigelb und Eiweiß und zum Schluß den Kümmel hinzugeben. Den Kuchen eine halbe bis ¾ Stunde im sehr heißen Ofen backen.«

Aus *Cornish Recipes, 1929*

MOHNFÜLLUNG

75 g Mohnsamen, gemahlen
50 g geröstete Mandeln, gemahlen
2 Teelöffel Zucker
3 Teelöffel Honig

Mohnsamen, Mandeln und Zucker werden miteinander vermischt und anschließend mit dem Honig zu einer dicken Paste vermengt. Diese Mixtur kann anstatt der Nußmischung (S. 38) als Füllung für Kipferl (S. 38) dienen.

HONIGEIS MIT MOHNSAMEN

300 ml Milch
1 Vanillestange
3 Eigelb
50 g Zucker
125 g Honig
75 g Mohnsamen
150 ml Crème double oder Sahne

Die Milch mit der eingetauchten Vanillestange erhitzen und zum Kochen bringen, dann vom Feuer nehmen und 10 Minuten mit der Vanille ziehen lassen.

Inzwischen die Eigelb und den Zucker zusammen verschlagen, bis eine dicke, hellgelbe Creme entsteht. Anschließend auf einen Topf mit leise kochendem Wasser setzen. Die Vanille aus der Milch nehmen und die Milch in die Eiercreme rühren. So lange über dem Wasserbad rühren, bis die Creme reißend vom Löffel fällt. Sie darf nicht zu kochen anfangen!

Die Schüssel vom Herd nehmen und den Honig und die Mohnsamen unterrühren. Auskühlen lassen. Die Sahne nicht zu steif schlagen und vorsichtig unterheben.

Anschließend die Masse in einer Eismaschine gefrieren lassen.

REGISTER

N

O

P

R

S

T

V

Z